序号__________

经济数学(上)作业册(含 A,B 册)·A

数学教研室　主编

姓名 ____________________

班级 ____________________

学号 ____________________

西北工业大学出版社
西安

【内容简介】 本作业册与高等教育出版社的教材《经济数学—微积分》(第4版)相配套,内容包括函数,极限与连续,导数、微分、边际与弹性,中值定理和导数的应用,不定积分,定积分,多元函数微分学,二重积分各章节的习题及其参考答案

图书在版编目(CIP)数据

经济数学(上)作业册 : 含A,B册 / 数学教研室主编. — 西安 :西北工业大学出版社, 2021.8(2024.8重印)
ISBN 978-7-5612-7934-2

Ⅰ. ①经… Ⅱ. ①数… Ⅲ. ①经济数学—高等学校—习题集 Ⅳ. ①F224.0—44

中国版本图书馆CIP数据核字(2021)第174020号

JINGJI SHUXUE (SHANG) ZUOYECE (HAN A,B CE)

经济数学(上)作业册(含A,B册)

责任编辑:李阿盟 刘 敏 **策划编辑**:李 萌
责任校对:张 潼 **装帧设计**:李 欣
出版发行:西北工业大学出版社
通信地址:西安市友谊西路127号 邮编:710072
电 话:(029)88493844 88491757
网 址:www.nwpup.com
印 刷 者:陕西博文印务有限责任公司
开 本:787 mm×1092 mm 1/16
印 张:11.125
字 数:282千字
版 次:2021年8月第1版 2024年8月第4次印刷
定 价:24.00元 (含A,B册)

前　言

“经济数学”是理工科院校经济、管理类各专业必修的重要基础课，它不仅是学习后续课程的基础，也是在经济、管理类各学科领域进行科学研究所必备的数学基础.通过本课程的学习，可在获得数学知识的同时，提高抽象思维、逻辑推理、运算技能及综合应用等方面的能力.

“经济数学”课程内容丰富，涉及微积分、线性代数、概率与数理统计，且具有独特的理论体系、思维方式和解题技巧.为了使学生学好这门课程，西安明德理工学院数学教研室组织具有丰富教学经验的教师，经过集体讨论后编写了这本作业册.

作业册是根据西安明德理工学院“经济数学”教学大纲编写的，内容包括函数，极限与连续，导数、微分、边际与弹性，中值定理和导数的应用，不定积分，定积分，多元函数微分学，二重积分等.作业册的特点是重点突出、题型多样、题源广泛，力求起到以题促学的目的.

作业册由西安明德理工学院数学教研室编写，参与编写的人员有董慧、张华和刘雪梅，全册由董慧统稿.在编写作业册的过程中，得到了西安明德理工学院通识教育学院领导的大力支持，也得到了教研室同仁们的鼎力帮助，在此谨向他们表示衷心的感谢！

由于水平有限，书中不足之处在所难免，恳请广大同仁和学生们不吝指正.

编　者

2021年4月

目　录

第1章 函　数

1.1　1.2　集合　映射与函数

1. 填空题.

(1)若函数 $f(x)=\begin{cases}\sin x, & -2<x<0\\ x^2+1, & 0\leqslant x<2\end{cases}$,则 $f\left(\dfrac{\pi}{2}\right)=$ ______;

(2) 函数 $f(x)=\begin{cases}\sin\dfrac{1}{x}, & x\neq 0\\ 0, & x=0\end{cases}$ 的定义域为 ______,值域为 ______.

2. 求函数 $y=\dfrac{1}{1-x^2}+\sqrt{x+2}+\lg(41-x)$ 的定义域.

3. 讨论下列函数的奇偶性.

(1) $f(x)=(2+\sqrt{3})^x+(2-\sqrt{3})^x$;

(2) $f(x)=\ln(x+\sqrt{1+x^2})$;

(3) $f(x)=\dfrac{x(e^x+e^{-x})}{3^x-3^{-x}}$.

1.3 复合函数与反函数、初等函数

1. 填空题.

(1) 函数 $f(x)=2\sin 3x$ 的反函数是 ________;

(2) 设函数 $f(x)=\begin{cases} x^2, & x\leqslant 0 \\ 2x+1, & x>0 \end{cases}$,则 $f(x-1)=$ ________;

(3) 若函数 $y=f(x)$ 的定义域是$[0,1]$,则 $f(\ln x)$ 的定义域是 ________;

(4) 若函数 $f(e^x)=x+1$,则 $f(x)=$ ________;

(5) 设函数 $f(x)=\begin{cases} 2x, & x<0 \\ x^2, & x\geqslant 0 \end{cases}$, $g(x)=\begin{cases} -2x, & x<0 \\ x, & x\geqslant 0 \end{cases}$,则 $x\leqslant 0$ 时, $f(g(x))$ =

________.

2. 设 $f(x)=x-\dfrac{1}{x}$,求 $f(f(x))$.

3. 设 $f(x)=\sqrt{x+2}+1$,求 $f(x)$ 的反函数.

1.4　1.5　函数关系的建立、经济学中的常用函数

1. 某厂生产某种产品 1 000 t,定价为 130 元/t,当售出量在 700 t 以内时,按原定价出售,超过 700 t 的部分按原定价的九折出售,试将销售总收入 R 表示成销售量 x 的函数.

2. 某表厂生产一只手表的可变成本(劳动力和原材料)为 15 元,每天的固定成本为 2 000 元,如果每只手表的出厂价为 20 元,为了不亏本,该表厂每天至少需要生产多少只手表?

3. 某厂生产录音机的成本为每台 50 元,预计当每台录音机以 x 元的价格卖出时,消费者每月购买 $200-x$ 台,请将该厂的月利润 L 表达为价格 x 的函数.

4. 需求函数和供给函数分别为 $Q_d=\frac{100}{3}-\frac{2}{3}p$ 和 $Q_s=-20+10p$,求相应的市场均衡价格 p_0.

第1章测试题

1. 求函数 $y=\arcsin\frac{x-1}{3}$ 的定义域.

2. 判断函数 $f(x)=x(1-x^2)$ 的奇偶性.

3. 设 $f(x)=x\sqrt{1-x^2}$,求 $f(\cos x)$.

4. 设 $f(x)=\log_2(1-2x)$,求 $f(x)$ 的反函数.

5. 设某商品的需求函数为 $Q_d=\frac{5\ 600}{p}$,供给函数为 $Q_s=p-10$.求此商品的市场均衡价格,并求此时的供给量与需求量.

第 2 章　极限与连续

2.5　极限存在准则　两个重要极限　连续复利

1.选择题.

(1) 下列极限计算正确的是(　　).

A. $\lim\limits_{x\to 0} x\sin\dfrac{1}{x}=1$　　B. $\lim\limits_{x\to\infty} x\sin\dfrac{1}{x}=1$

C. $\lim\limits_{x\to\infty}\dfrac{\sin x}{x}=1$　　D. $\lim\limits_{x\to\infty}\dfrac{\sin\frac{1}{x}}{x}=1$

(2) 下列极限计算不正确的是(　　).

A. $\lim\limits_{x\to\infty}(1+x)^{\frac{1}{x}}=\mathrm{e}$　　B. $\lim\limits_{x\to 0}(1+x)^{\frac{1}{x}}=\mathrm{e}$

C. $\lim\limits_{x\to\infty}\left(1+\dfrac{1}{x}\right)^{x}=\mathrm{e}$　　D. $\lim\limits_{x\to 1}(1+x)^{\frac{1}{x}}=2$

2.计算下列极限.

(1) $\lim\limits_{n\to\infty}2^n\sin\dfrac{x}{2^n}$;

(2) $\lim\limits_{x\to 0}\dfrac{\tan 2x}{\sin 3x}$;

(3) $\lim\limits_{x \to 0} x\cot x$;

3. 求 $\lim\limits_{x \to \infty}\left(\dfrac{x+2a}{x-2a}\right)^{x}$，$a$ 为常数.

4. 已知 $f(x)=\lim\limits_{t \to \infty}\left(1+\dfrac{x}{t}\right)^{2t}$，求 $f(x)$ 和 $f(\ln 3)$.

2.6 无穷小的比较

计算下列极根

(1) $\lim\limits_{x\to 0}\dfrac{x\ln(1+x)}{1-\cos x}$;

(2) $\lim\limits_{x\to 0}\dfrac{\sqrt{1+x}-1}{\tan 2x}$;

(3) $\lim\limits_{x\to 0}\dfrac{\tan x-\sin x}{\sin^3 x}$;

(4) $\lim\limits_{x \to 2} \dfrac{\arctan(x^2-4)}{\sin 3(x-2)}$;

(5) $\lim\limits_{x \to \infty} \dfrac{2x^2}{x+1} \sin \dfrac{3}{x}$;

(6) $\lim\limits_{x \to 0^+} \sqrt[x]{1-2x}$;

(7) $\lim\limits_{x \to \frac{\pi}{2}} (1 + 2\cos x)^{\sec x}$;

(8) $\lim\limits_{x \to 0} \dfrac{\ln \sqrt{1 + 5x}}{x}$.

2.7　函数的连续性

1. 填空题.

(1) 当 $x \neq 1$ 时，$f(x)=\dfrac{1-\sqrt{x}}{\sin(x-1)}$,又 $f(x)$ 在 $x=1$ 处连续,则 $f(1)=$ ________;

(2) 已知 $f(x)=\begin{cases}\dfrac{x^2-1}{x-1}, & x \neq 1 \\ k, & x=1\end{cases}$,若 $f(x)$ 在$(-\infty,+\infty)$内连续,则 $k=$ ________;

(3) 函数 $y=\dfrac{2x+1}{x^2-2x-3}$ 的间断点是 ________;

(4) 已知 $f(x)=\begin{cases}\dfrac{\ln(1+x)}{2x}, & x>0 \\ 4x^5+a, & x \leqslant 0\end{cases}$ 在 $x=0$ 处连续,则常数 $a=$ ________.

2. 讨论函数 $f(x)=\begin{cases}\dfrac{\tan 2x}{x}, & x<0 \\ x^2+1, & x \geqslant 0\end{cases}$ 在 $x=0$ 处的连续性.

3. 分别求常数 a 和 b 的值,使函数 $f(x)=\begin{cases} \dfrac{\sin x}{x}, & x<0 \\ a, & x=0 \\ \dfrac{b}{x}(\sqrt{1+x}-1), & x>0 \end{cases}$ 在 $x=0$ 处连续.

2.8 闭区间上连续函数的性质

1. 证明:方程 $x^3-4x^2+1=0$ 在区间(0,1)内至少有一个实根.

2. 证明:方程 $x\cdot 2^x=1$ 至少有一个小于1的正根.

第2章测试题

1. 求极限$\lim\limits_{x \to \infty} \dfrac{x^3}{3x-2} \sin \dfrac{1}{x^2}$.

2. 求极限$\lim\limits_{x \to 0} \dfrac{x^2 \sin \dfrac{1}{x}}{\sin 2x}$.

3. 求极限$\lim\limits_{x \to 2} \dfrac{\arctan(x^2-4)}{\sin 3(x-2)}$.

4. 求极限$\lim\limits_{x\to 0}\dfrac{(e^{x^2}-1)^2}{x\ln(1-x^3)}$.

5. 求极限$\lim\limits_{n\to\infty}\left(\dfrac{1}{n^2}+\dfrac{2}{n^2}+\cdots+\dfrac{n}{n^2}\right)$.

6. 求函数 $f(x)=\begin{cases}\dfrac{1}{x}(\sqrt{1+x}-\sqrt{1-x}), & -1\leqslant x<0\\ 0, & x=0\\ \dfrac{1}{x}\ln(1+x), & x>0\end{cases}$ 的连续区间.

7. 证明:方程 $e^x - 3x = 0$ 在 $(0,1)$ 内至少有一个实根.

8. 证明:方程 $x^5 + 2x - 4 = 0$ 在 $(-1,2)$ 内有唯一实根.

第3章　导数、微分、边际与弹性

3.3　高阶导数

求下列函数的高阶导数.

(1) 设 $y=2x^2+\ln x$,求 y'';

(2) 设 $y=e^{2x-1}$,求 y'';

(3) 设 $y=\ln(1-x^2)$,求 y''.

3.4 隐函数及由参数方程所确定的函数的导数

1. 设 $f(x)$ 可导,求函数 y 的导数$\frac{\mathrm{d}y}{\mathrm{d}x}$.

(1) $y=f(x^2)$;

(2) $y=f^2(x)$;

(3) $y=f(\sin^2 x)+f(\cos^2 x)$.

2. 求由方程确定的隐函数 $y=y(x)$ 的导数.

(1) $y^3+x^3-3xy=0$;

(2) $\sin y+xe^y=0$;

(3) $xy^2=2$.

3. 由 $ye^y=e^{x-1}$ 确定函数 $y=f(x)$,求$\left.\frac{\mathrm{d}y}{\mathrm{d}x}\right|_{y=1}$.

3.5 函数的微分

1. 求下列函数的微分.

(1) $y=2^x+\dfrac{\sin x}{x}$；

(2) $y=e^{-ax}\cdot\sin bx$；

(3) $y=\ln(\cos\sqrt{x})$;

(4) $e^{\frac{x}{y}}-xy=0$.

第3章测试题

1. 求曲线 $y=e^x$ 过点(0,0)处的切线方程.

2.求下列函数的导数.

(1)$y=2^{\sin x}+\cot x+\ln\pi$;

(2)$y=\tan 2x+\csc x^2+\sin e$;

(3) $y = x\sin x + \ln\sqrt{x}$;

(4) $y = \arctan\sqrt{1-x^2} + \ln\cos e$;

(5) $y = e^{\sin\frac{1}{x}} + e^{2\pi}$;

3. $y^2 = x\ln y + \sin y + 2x^3$,求 dy.

4. $y=x\ln(1+x^2)$,求 $\mathrm{d}y$.

5. $y=\sin(1+x^2)$,求$\dfrac{\mathrm{d}y}{\mathrm{d}x}$及$\dfrac{\mathrm{d}^2y}{\mathrm{d}x^2}$.

6. 设某产品总成本函数为 $C(x)=6+4x+x^2$,总收入函数为 $R(x)=143x-0.1x^2$,其中 x 为销售量.求该产品的边际成本、边际收入和边际利润.

第 4 章　中值定理及导数的应用

4.2　洛必达法则

求下列函数的极限.

(1) $\lim\limits_{x \to 1} \dfrac{x^3 - 3x + 2}{x^3 - x^2 - x + 1}$;

(2) $\lim\limits_{x \to 0} \dfrac{2^x + 2^{-x} - 2}{x^2}$;

(3) $\lim\limits_{x \to 0} \dfrac{e^x - e^{-x} - 2x}{x - \sin x}$;

(4) $\lim\limits_{x \to 0} \dfrac{x - \sin x}{2x \tan x^2}$;

(5) $\lim\limits_{x \to +\infty} \dfrac{x \ln x}{x + \ln x}$;

(6) $\lim\limits_{x \to +\infty} \dfrac{x^n}{e^x}$;

(7) $\lim\limits_{x \to +\infty} \dfrac{\ln x}{x^n}$;

(8) $\lim\limits_{x \to +\infty} \dfrac{e^x - e^{-x}}{e^x + e^{-x}}$;

(9) $\lim\limits_{x \to \infty} \dfrac{x - \sin x}{x + \sin x}$;

(10) $\lim\limits_{x \to 0^+} \sin x \ln x$;

(11) $\lim\limits_{x \to 1}\left(\frac{3}{1-x^3}-\frac{1}{1-x}\right)$;

(12) $\lim\limits_{x \to 1}\left(\frac{1}{\ln x}-\frac{x}{x-1}\right)$.

4.3 导数的应用(1)

1. 求下列函数的单调区间.

(1) $f(x)=e^x-x-1$;

(2) $f(x)=2x^3-9x^2+12x-3$;

(3) $f(x)=2x^2-\ln x$.

2. 用函数的单调性证明下列不等式.

(1) 当 $x>0$ 时,证明 $\ln(1+x)<x$;

(2) 当 $x\geqslant 0$ 时,证明 $\arctan x\leqslant x$.

第4章测试题

1. 证明:方程 $x^5+2x-4=0$ 在 $(-1,2)$ 内有唯一实根.

2. 证明:当 $x\in(-\infty,+\infty)$ 时, $\arctan x+\operatorname{arccot} x=\dfrac{\pi}{2}$.

3. 证明:当 $x>0$ 时, $1+\dfrac{1}{2}x>\sqrt{1+x}$.

4. 求极限$\lim\limits_{x\to\infty}\dfrac{x^3}{3x-2}\sin\dfrac{1}{x^2}$.

5. 求极限$\lim\limits_{x\to 0}\dfrac{x^2\sin\dfrac{1}{x}}{\sin 2x}$.

6. 求极限$\lim\limits_{x\to 2}\dfrac{\arctan(x^2-4)}{\sin 3(x-2)}$.

7. 求极限$\lim\limits_{x\to 0}\left(\dfrac{1}{x}-\dfrac{2}{e^{2x}-1}\right)$.

8. 求极限$\lim\limits_{x\to 0}\left(\dfrac{1}{x}-\dfrac{2}{e^{2x}-1}\right)$.

9. 求极限$\lim\limits_{x\to 0}\dfrac{x-\sin x}{\tan x^{3}}$.

10. 求曲线 $y=\frac{1}{3}x^3-x^2+2$ 的定义域、单调区间、极值、凹凸区间和拐点.

11. 设某产品的需求函数为 $x=750-5p$,总成本函数为 $C=2\,500+20x$,其中 x 为销售量,p 为价格,求该产品的边际利润及利润最大时的销售量.

第5章　不定积分

5.1　不定积分的概念、性质

1. 填空题.

(1)$2x^5$ 的一个原函数是 ________；

(2)$\int x^{\alpha}\mathrm{d}x=$ ________；

(3)$\int \sin x\,\mathrm{d}x=$ ________；

(4)$\int \sec^2 x\,\mathrm{d}x=$ ________；

(5)$\int \sec x\tan x\,\mathrm{d}x=$ ________；

(6)$\int \frac{1}{\sqrt{1-x^2}}\mathrm{d}x=$ ________.

2. 求下列不定积分.

(1)$\int \frac{(1-x)^2}{\sqrt{x}}\mathrm{d}x$；

(2)$\int \frac{1}{\sqrt{9-9x^2}}\mathrm{d}x$；

(3) $\int \frac{1}{4+4x^2}dx$;

(4) $\int \frac{2\times 3^x - 5\times 2^x}{3^x}dx$;

(5) $\int \sin^2 \frac{x}{2}dx$;

(6) $\int \sec x(\sec x - \tan x)\mathrm{d}x$;

(7) $\int \frac{\cos 2x}{\cos^2 x \sin^2 x}\mathrm{d}x$;

(8) $\int \frac{\cos 2x}{\sin^2 x}\mathrm{d}x$.

3. 设曲线通过点(0,1),且其上任意一点(x,y)处的切线斜率为e^{-x},求此曲线方程.

4. 设曲线通过点(-1,2),且其上任意一点(x,y)处的切线斜率等于这点横坐标值的两倍,求此曲线方程.

5.2 换元积分法

1. 填空题.

(1) $\mathrm{d}x=$ __________ $\mathrm{d}(5x-1)$;

(2) $x\mathrm{d}x=$ __________ $\mathrm{d}(2-x^2)$;

(3) $x^3\mathrm{d}x=$ __________ $\mathrm{d}(3x^4+2)$;

(4) $\mathrm{e}^{-2x}\mathrm{d}x=$ __________ $\mathrm{d}(\mathrm{e}^{-2x})$;

(5) $\dfrac{\mathrm{d}x}{1+9x^2}=$ __________ $\mathrm{d}(\arctan 3x)$;

(6) $\dfrac{\mathrm{d}x}{1+2x^2}=$ __________ $\mathrm{d}(\arctan\sqrt{2}x)$;

(7) $\dfrac{\mathrm{d}x}{x}=$ __________ $\mathrm{d}(5-3\ln|x|)$;

(8) $\dfrac{\mathrm{d}x}{\sqrt{1-x^2}}=$ __________ $\mathrm{d}(2-\arcsin x)$;

(9) $\dfrac{x\mathrm{d}x}{\sqrt{1-x^2}}=$ __________ $\mathrm{d}(\sqrt{1-x^2})$.

2. 求下列不定积分.

(1) $\int a^{3x}\mathrm{d}x$;

(2) $\int(3-2x)^{\frac{3}{2}}\mathrm{d}x$;

(3) $\int \frac{\mathrm{d}x}{a-2x}$;

(4) $\int \frac{\mathrm{e}^{\frac{1}{x}}}{x^2}\mathrm{d}x$;

(5) $\int \frac{\cos\sqrt{t}}{\sqrt{t}}\mathrm{d}t$;

(6) $\int \frac{dx}{x\ln x}$;

(7) $\int \frac{e^x}{1+e^x}dx$;

(8) $\int \frac{1}{1+e^x}dx$;

(9) $\int e^{\cos x}\sin x\,dx$;

(10) $\int \frac{\ln x}{x(\ln^2 x-1)}dx$;

(11) $\int \frac{x}{\sqrt{2-3x^2}}dx$;

(12)$\int \frac{3x^3}{1-x^4}\mathrm{d}x$;

(13)$\int \frac{\mathrm{d}x}{x^2-x-6}$;

(14)$\int \frac{\mathrm{d}x}{x^2+4x+5}$;

(15) $\int \frac{\mathrm{d}x}{(\arcsin x)^2 \sqrt{1-x^2}}$;

(16) $\int \frac{\mathrm{d}x}{\sqrt{2x-3}+1}$;

(17) $\int \frac{\mathrm{d}x}{x^2 \sqrt{1-x^2}}$;

(18) $\int \frac{\mathrm{d}x}{\sqrt{(1+x^2)^3}}$.

第5章测试题

求下列不定积分.

(1)$\int \frac{x+1}{x^2+2x+5}\mathrm{d}x$;

(2)$\int \frac{1}{x(1+x)}\,\mathrm{d}x$;

(3)$\int \frac{x+x^3}{1+x^4}\,\mathrm{d}x$;

(4) $\int \sec^2 x \tan^3 x \, dx$;

(5) $\int \frac{e^{\sqrt{x}}}{\sqrt{x}} \, dx$;

(6) $\int \frac{1}{1+2\sqrt{x+1}} dx$;

(7) $\int \frac{\sqrt{4-x^2}}{x^2}\mathrm{d}x$;

(8) $\int \arccos x \, \mathrm{d}x$;

(9) $\int x \ln x \, \mathrm{d}x$;

(10) $\int \mathrm{e}^{x+2\ln x} \mathrm{d}x$.

第6章　定　积　分

6.1　6.2　定积分的概念　定积分的性质

1．不计算积分的具体值,比较下面各积分值的大小.

(1) $\int_0^1 x^2 \mathrm{d}x$ 与 $\int_0^1 x^5 \mathrm{d}x$；

(2) $\int_1^2 x^2 \mathrm{d}x$ 与 $\int_1^2 x^5 \mathrm{d}x$.

2. 用定积分的几何意义计算 $\int_0^3 \sqrt{9-x^2}\,\mathrm{d}x$.

6.3 微积分基本公式

1. $F(x)=\int_1^{x^2}\sin^4 t\,\mathrm{d}t+\int_x^3\cos^4 t\,\mathrm{d}t$,求 $F'(x)$.

2. 设 $f(x)$ 连续,并满足$\int_0^{1+x^3} f(t)\,\mathrm{d}t=x^2-1$,求 $f(9)$.

3. 求下列极限.

(1)$\lim\limits_{x\to 0}\dfrac{1}{x}\int_0^x(1+\sin 2u)^{\frac{1}{u}}\,\mathrm{d}u$;

(2) $\lim\limits_{x \to 0} \dfrac{1}{x}\int_0^x \cos u^2 \mathrm{d}u$；

(3) $\lim\limits_{x \to 0} \dfrac{\int_0^x \dfrac{1-\cos t}{t}\mathrm{d}t}{3x^2}$；

(4) $\lim\limits_{x \to 0} \dfrac{\int_0^x (1-\cos t)\mathrm{d}t}{\mathrm{e}^{x^3}-1}$；

(5) $\lim\limits_{x\to 0}\dfrac{\int_0^x \tan t^2\,\mathrm{d}t}{\arcsin x^3}$.

4. 利用牛顿－莱布尼兹公式计算下列定积分.

(1) $\int_1^4 (1-\sqrt{x})^2\,\dfrac{1}{\sqrt{x}}\mathrm{d}x$;

(2) $\int_1^2 \dfrac{1+x^3}{x^2+x^3}\mathrm{d}x$;

(3)$\int_{5}^{6} \frac{1}{2x+x^{2}} \mathrm{d}x$;

(4)$\int_{1}^{2} |2x-3| \mathrm{d}x$.

第6章测试题

1. 求极限 $\lim\limits_{x\to 0}\dfrac{1}{\sin^2 x}\int_0^x \arctan t\,\mathrm{d}t$.

2. 设 $f(x)=\begin{cases}2x^2, & 0\leqslant x<1\\ x+1, & 1\leqslant x\leqslant 2\end{cases}$,计算$\int_0^2 f(x)\mathrm{d}x$.

3. 求定积分$\int_1^{e^3}\dfrac{1}{x(1+\ln x)^2}\mathrm{d}x$.

4. 求定积分$\int_{-1}^{1}(x^2+x^9)\cos x^3\mathrm{d}x$.

5. 求定积分$\int_{0}^{2}\sqrt{4-x^2}\mathrm{d}x$.

6. 求定积分$\int_{1}^{2}\mathrm{e}^{\sqrt{x}}\mathrm{d}x$.

7. 求下列广义积分.

(1) $\int_{0}^{+\infty} \mathrm{e}^{-2x} \mathrm{d}x$;

(2) $\int_{1}^{+\infty} \frac{\mathrm{d}x}{x^4}$.

8. 求下列曲线所围成的平面图形的面积.

(1) $y = x^2$ 与 $y = x$;

(2) $y = \mathrm{e}^x$, $x = 0$ 与 $y = \mathrm{e}$.

第8章　多元函数微分学

8.1　多元函数的基本概念

1. 已知 $f(x,y)=x^2+y^2$,求 $f(x-y,\sqrt{xy})$.

2. 已知 $f(x-y,\sqrt{xy})=x^2+y^2$,求 $f(x,y)$.

3. 已知 $f\left(x+y,\dfrac{y}{x}\right)=x^2-y^2$,求 $f(x,y)$.

8.2 偏导数及其在经济分析中的应用

1. 求下列函数的偏导数.

(1)$z=x^2+x^3y^2$;

(2)$z=x^y-2\sin x+\ln\pi\ (x>0)$;

(3)$z=e^{\frac{y}{x}}+\ln 2$;

(4) $z = \arctan(xy) + x^3 + 3^y$;

(5) $u = \sqrt{x^2 + y^2 + z^2}$;

(6) $u = e^{xy} + e^{yz}$.

2. 求下列函数在指定点处的偏导数.

(1)$f(x,y)=x^2-xy+y^2$,求 $f_x'(1,2)$ 和 $f_y'(1,2)$;

(2)$f(x,y,z)=\ln(x-yz)$,求 $f_x'(2,0,1)$,$f_y'(2,0,1)$ 和 $f_z'(2,0,1)$.

3. 设$z=e^{-(\frac{1}{x}+\frac{1}{y})}$,证明:$x^2\frac{\partial z}{\partial x}+y^2\frac{\partial z}{\partial y}=2z$.

4. 设 $u=(y-z)(z-x)(x-y)$,证明:$\frac{\partial u}{\partial x}+\frac{\partial u}{\partial y}+\frac{\partial u}{\partial z}=0$.

5. 求下列函数的二阶偏导数.

(1)$z=x^5+x^4y^3+x^3y^2+x^2y^3$;

(2)$z=\sin(x^2+2y)$;

(3)$z=x\ln(x+y)$.

6. 某水泥厂生产 A 与 B 两种标号的水泥,其日产量分别记作 x 和 y(单位:t),总成本为 $C(x,y)=20+30x^2+10xy+20y^2$(单位:元),求当 $x=4,y=3$ 时,两种标号水泥的边际成本,并解释其经济含义.

7. 设某商品需求量 Q 与价格为 p 和居民收入 y 的关系为 $Q(p,y)=400-2p+0.03y$,求当 $p=25,y=5\ 000$ 时,需求量 Q 对价格 p 和居民收入 y 的偏导数,并解释其经济含义.

8.3 全微分及其应用

求下列函数的全微分.

(1)$z=e^{x^2+y^2}$;

(2)$z=\ln\sqrt{x^2+y^2}$;

(3)$u=xy+yz+zx$;

(4)$u=\mathrm{e}^{xyz}+xyz$；

(5)$u=x^{yz}$.

第 8 章测试题

1. $z=\arctan\frac{y}{x}+3^x$,求 $\mathrm{d}z$.

2. $z=x^y-2\sin x$,求 $\mathrm{d}z$.

3. $u=\mathrm{e}^{xy}+\mathrm{e}^{yz}$,求$\frac{\partial u}{\partial x}$,$\frac{\partial u}{\partial y}$,$\frac{\partial u}{\partial z}$和 $\mathrm{d}u$.

4. $u=\sqrt{x^2+y^2+z^2}$,求$\frac{\partial u}{\partial x}$, $\frac{\partial u}{\partial y}$, $\frac{\partial u}{\partial z}$和 du.

5. 某企业生产两种商品的产量分别为 x 单位和 y 单位,利润函数为 $L(x,y)=64x-2x^2+4xy-4y^2+32y-14$(单位:万元),求当 x 和 y 分别为多少时利润最大?

第9章 二重积分

9.2 二重积分的计算

1.利用直角坐标计算下列二重积分.

(1)$\iint\limits_{D}(x^2+y^2)\mathrm{d}\sigma$,$D:0\leqslant x\leqslant 1,0\leqslant y\leqslant 1$;

(2)$\iint\limits_{D}(x+2y)\mathrm{d}\sigma$,$D$ 为 $x=0,y=0$ 及直线 $x+y=2$ 所围成的区域.

(3)$\iint\limits_{D}x\sqrt{y}\,\mathrm{d}\sigma$,$D$ 为 $y=\sqrt{x}$,$y=x^2$ 所围成的区域;

(4) $\iint\limits_{D}(x+6y)\mathrm{d}\sigma$,$D$ 为 $y=x$,$y=5x$,$x=1$ 所围成的区域.

2. 交换下列二次积分的积分次序.

(1) $\int_{0}^{1}\mathrm{d}x\int_{0}^{1-x}f(x,y)\mathrm{d}y$;

(2) $\int_{0}^{1}\mathrm{d}y\int_{0}^{y}f(x,y)\mathrm{d}x$;

(3) $\int_{0}^{3}\mathrm{d}x\int_{x}^{3x}f(x,y)\mathrm{d}y$.

3.利用极坐标计算下列二重积分.

(1) $\iint\limits_{D}\sqrt{R^2-x^2-y^2}\,\mathrm{d}\sigma$, $D: x^2+y^2\leqslant R^2$;

(2) $\iint\limits_{D}\sin\sqrt{x^2+y^2}\,\mathrm{d}\sigma$, $D: \pi^2\leqslant x^2+y^2\leqslant 4\pi^2$;

(3) $\iint\limits_{D}y\,\mathrm{d}\sigma$, $D: x^2+y^2=4, x, y\geqslant 0$.

第 9 章自测题

1. 计算下列二重积分.

(1) $\iint\limits_{D} x\mathrm{e}^{-2x}\mathrm{d}x\mathrm{d}y$,其中 $D=\{(x,y)\mid 0\leqslant x\leqslant 1,0\leqslant y\leqslant 1\}$;

(2) $\iint\limits_{D} y\cos(xy)\mathrm{d}x\mathrm{d}y$,其中 D 是由 $0\leqslant x\leqslant 1,0\leqslant y\leqslant \pi$ 所确定的闭区域;

(3) $\iint\limits_{D} \frac{y}{x}\mathrm{d}x\mathrm{d}y$,其中 D 是由 $y=3x,y=x,x=1,x=3$ 所确定的闭区域;

(4) 设 D 是由 $y=2,y=x,y=2x$ 所确定的闭区域,求$\iint\limits_D (x^2+y^2-x)\mathrm{d}x\mathrm{d}y$.

2. 利用极坐标计算下列二重积分.

(1)$\iint\limits_D \sqrt{x^2+y^2}\,\mathrm{d}\sigma$,其中 D 是由 $1\leqslant x^2+y^2\leqslant 4$ 围成的圆环形区域;

(2)$\iint\limits_D y\,\mathrm{d}x\mathrm{d}y$,其中 D 是由 $x^2+y^2=a^2$ 和两坐标轴所围成的第一象限的闭区域;

(3)$\iint\limits_D (h-2x-3y)\mathrm{d}x\mathrm{d}y$,其中 D 是由 $x^2+y^2=R^2$ 所围成的闭区域.

参考答案

第1章　函　　数

1.1　1.2　集合　映射与函数

1. 略
2. $[-2,-1)\cup(-1,1)\cup(1,41)$
3. (1) 偶函数;(2) 奇函数;(3) 偶函数

1.3　复合函数与反函数、初等函数

1. 略
2. $f(f(x))=\dfrac{x^4-3x^2+1}{x(x^2-1)}, x\neq 0, x\neq\pm 1$
3. $f^{-1}(x)=(x-1)^2-2, x\geqslant 1$

1.4　1.5　函数关系的建立　经济学中的常用函数

1. $R(x)=\begin{cases}130x, & x\leqslant 700\\ 117x+9\ 100, & 700<x\leqslant 1\ 000\end{cases}$
2. 为了不亏本,该表厂每天至少需要生产400只手表
3. $L(x)=R(x)-C(x)=(200x-x^2)-(10\ 000-50x)=-x^2+250x-10\ 000$
4. $p_0=5$

第1章测试题

1. 定义域为$[-2,4]$
2. 奇函数
3. $f(\cos x)=\cos x\ |\sin x|$
4. $f^{-1}(x)=0.5-2^{x-1}, x\in(-\infty,+\infty)$
5. $p=80, Q_d=Q_s=70$

第2章　极限与连续

2.5　极限存在准则　两个重要极限　连续复利

1. 略
2. (1)x;(2) $\dfrac{2}{3}$;(3)1;

3. e^{4a}

4. $f(x)=e^{2x}$, $f(\ln 3)=e^{2\ln 3}=e^{\ln 9}=9$

2.6 无穷小的比较

(1)2;(2) $\frac{1}{4}$;(3) $\frac{1}{2}$;(4) $\frac{4}{3}$;(5)6;(6)e^{-2};(7)e^2; (8) $\frac{5}{2}$

2.7 函数的连续性

1. 略

2. $f(x)$ 在 $x=0$ 处右连续但左不连续

3. $a=1,b=2$

2.8 闭区间上连续函数的性质

1. 证明略

2. 证明略

第 2 章测试题

1. $\frac{1}{3}$　2. 0　3. $\frac{4}{3}$　4. -1　5. $\frac{1}{2}$　6. $[-1,0)\cup(0,+\infty)$

7. 证明略　8. 证明略

第 3 章　导数、微分、边际与弹性

3.3 高阶导数

(1)$y''=4-\frac{1}{x^2}$;(2)$y''=4e^{2x-1}$;(3)$y''=-\frac{2(1+x^2)}{(1\quad x^2)^2}$

3.4 隐函数及由参数方程所确定的函数的导数

1. (1)$y'=2xf'(x^2)$;(2)$y'=2f(x)\cdot f'(x)$;

   (3)$y'=2\sin x\cos x[f'(\sin^2 x)-f'(\cos^2 x)]$

2. (1)$y'=\frac{y-x^2}{y^2-x}$;(2)$y'=-\frac{e^y}{\cos y+xe^y}$;(3)$y'=-\frac{y}{2x}$

3. $\frac{1}{2}$

3.5 函数的微分

(1)$dy=y'dx=\left(2^x\ln 2+\frac{x\cos x-\sin x}{x^2}\right)dx$;

(2)$dy=y'dx=e^{-ax}(b\cos bx-a\sin bx)dx$;

(3) $\mathrm{d}y=\left(\frac{-\tan\sqrt{x}}{2\sqrt{x}}\right)\mathrm{d}x$;

(4) $\mathrm{d}y=y'\mathrm{d}x=\left(\frac{xy-y^2}{x^2+xy}\right)\mathrm{d}x$

第 3 章测试题

1. $y=\mathrm{e}x$

2. (1) $y'=\ln2\cdot\cos x\cdot2^{\sin x}-\csc^2x$;(2) $y'=2\sec^2 2x-2x\csc x^2\tan x^2$;

(3) $y'=\sin x+x\cos x+\frac{1}{2x}$;(4) $y'=-\frac{x}{\sqrt{1-x^2}(2-x^2)}$;(5) $y'=-\frac{1}{x^2}\cdot\cos\frac{1}{x}$

$\cdot\,\mathrm{e}^{\sin\frac{1}{x}}$

3. $\mathrm{d}y=\frac{y\ln y+6x^2y}{2y^2-x-y\cos y}\mathrm{d}x$

4. $\mathrm{d}y=\left(\ln(1+x^2)+\frac{2x^2}{1+x^2}\right)\mathrm{d}x$

5. $\frac{\mathrm{d}y}{\mathrm{d}x}=2x\cos(1+x^2)$,$\frac{\mathrm{d}^2y}{\mathrm{d}x^2}=2\cos(1+x^2)-4x^2\sin(1+x^2)$

6. 边际成本为 $4+2x$,边际收入为 $143-0.02x$,边际利润为 $139-2.02x$

第 4 章　中值定理及导数的应用

4.2　洛必达法则

(1) $\frac{3}{2}$;(2) $\ln^2 2$;(3)2;(4) $\frac{1}{12}$;(5) $+\infty$;(6)0;(7)0;(8)1;(9)1;

(10)0;(11)1;(12) $-\frac{1}{2}$

4.3　导数的应用(1)

1. (1) $(0,+\infty)$ 为单调递增区间,$(-\infty,0)$ 为单调递减区间;

(2) $(-\infty,1)$,$(2,+\infty)$ 为单调递增区间,$(1,2)$ 为单调递减区间;

(3) $\left(\frac{1}{2},+\infty\right)$ 为单调递增区间,$\left(0,\frac{1}{2}\right)$ 为单调递减区间

2. 证明略

第 4 章测试题

1.~ 3.题　证明略.

4. $\frac{1}{3}$　5. 0　6. $\frac{4}{3}$　7. -1　8. 1　9. $\frac{1}{6}$

10. 定义域为$(-\infty,+\infty)$;单调递增区间为$(-\infty,0]$和$[2,+\infty)$,单调递减区间为$[0,2]$;极大值为2,极小值为$\frac{2}{3}$;凹区间为$[1,+\infty)$;凸区间为$(-\infty,1]$,拐点为$\left(1,\frac{4}{3}\right)$

11. 边际利润为$-10p+850$,利润最大时的销售量为325

第5章 不定积分

5.1 不定积分的概念、性质

1. 略

2. (1)$2x^{\frac{1}{2}}-\frac{4}{3}x^{\frac{3}{2}}+\frac{2}{5}x^{\frac{5}{2}}+C$;(2) $\frac{1}{3}\arcsin x+C$;(3) $\frac{1}{4}\arctan x+C$;

(4)$2x+\frac{5}{\ln 3-\ln 2}\left(\frac{2}{3}\right)^{x}+C$;(5) $\frac{x}{2}-\frac{\sin x}{2}+C$;(6)$\tan x-\sec x+C$;

(7)$-\cot x-\tan x+C$;(8)$-\cot x-2x+C$

3. $f(x)=-\mathrm{e}^{-x}+2$

4. $f(x)=x^2+1$

5.2 换元积分法

1. 略

2. (1) $\frac{a^{3x}}{3\ln a}+C$;(2)$-\frac{1}{5}(3-2x)^{\frac{5}{2}}+C$;(3)$-\frac{1}{2}\ln|a-2x|+C$;

(4)$-\mathrm{e}^{\frac{1}{x}}+C$;(5)$2\sin\sqrt{t}+C$;(6) $\ln|\ln x|+C$;(7) $\ln|1+\mathrm{e}^{x}|+C$;

(8)$x-\ln|1+\mathrm{e}^{x}|+C$;(9)$-\mathrm{e}^{\cos x}+C$;(10) $\frac{1}{2}\ln|\ln^2 x-1|+C$;

(11)$-\frac{1}{3}(2-3x^2)^{\frac{1}{2}}+C$;(12)$-\frac{3}{4}\ln|1-x^4|+C$;

(13) $\frac{1}{5}\ln\left|\frac{x-3}{x+2}\right|+C$;(14) $\arctan(x+2)+C$;

(15)$-\frac{1}{\arcsin x}+C$;(16) $\sqrt{2x-3}-\ln|\sqrt{2x-3}-1|+C$;

(17)$-\frac{\sqrt{1-x^2}}{x}+C$;(18) $\frac{x}{\sqrt{1+x^2}}+C$

第5章测试题

(1) $\frac{1}{2}\ln|x^2+2x+5|+C$;

(2)$\ln|x|-\ln|x+1|+C$;

(3) $\frac{1}{2}\arctan(x^2)+\frac{1}{4}\ln|x^4+1|+C$；

(4) $\frac{1}{4}\tan^4 x+C$；

(5)$2e^{\sqrt{x}}+C$；

(6) $\sqrt{x+1}-\frac{1}{2}\ln|1+2\sqrt{x+1}|+C$；

(7) $-\frac{\sqrt{4-x^2}}{x}-\arcsin\frac{x}{2}+C$；

(8)$x\arccos x-\sqrt{1-x^2}+C$；

(9) $\frac{x^2}{2}\ln x-\frac{x^2}{4}+C$；

(10)$x^2e^x-2xe^x+2e^x+C$

第6章　定　积　分

6.1　6.2　定积分的概念　定积分的性质

1. (1) $\int_0^1 x^2 dx>\int_0^1 x^5 dx$；(2) $\int_1^2 x^2 dx<\int_1^2 x^5 dx$

2. $\frac{9\pi}{4}$

6.3　微积分基本公式

1. $F'(x)=2x(\sin x^2)^4-(\cos x)^4$

2. $f(9)=\frac{1}{3}$

3. (1)e^2；(2)1；(3) $\frac{1}{12}$；(4) $\frac{1}{6}$；(5) $\frac{1}{3}$

4. (1) $\frac{2}{3}$；(2) $\frac{3}{2}-\ln 2$；(3) $\frac{1}{2}\ln\frac{21}{20}$；(4) $\frac{1}{2}$

第6章测试题

1. $\frac{1}{2}$　2. $\frac{19}{6}$　3. $\frac{3}{4}$　4. $\frac{2}{3}\sin 1$　5. π　6. $(2\sqrt{2}-2)e^{\sqrt{2}}$

7. (1) $\frac{1}{2}$；(2) $\frac{1}{3}$　8. (1) $\frac{1}{6}$；(2)1

第8章　多元函数微分学

8.1 多元函数的基本概念

1. $f(x-y,\sqrt{xy})=x^2+y^2-xy$ 2. $f(x,y)=x^2+2y^2$ 3. $f(xy)=\dfrac{x^2(1-x)}{y+1}$

8.2 偏导数及其在经济分析中的应用

1. (1) $\dfrac{\partial z}{\partial x}=2x+3x^2y^2,\dfrac{\partial z}{\partial y}=2x^3\cdot y$;(2) $\dfrac{\partial z}{\partial x}=yx^{y-1}-2\cos x,\dfrac{\partial z}{\partial y}=x^y\ln x$;

(3) $\dfrac{\partial z}{\partial x}=-\dfrac{y}{x^2}e^{\frac{y}{x}}$, $\dfrac{\partial z}{\partial y}=\dfrac{1}{x}e^{\frac{y}{x}}$;(4) $\dfrac{\partial z}{\partial x}=\dfrac{y}{1+x^2y^2}+3x^2$, $\dfrac{\partial z}{\partial y}=\dfrac{x}{1+x^2y^2}+3^y\ln 3$;

(5) $\dfrac{\partial u}{\partial x}=\dfrac{x}{\sqrt{x^2+y^2+z^2}}$, $\dfrac{\partial u}{\partial y}=\dfrac{y}{\sqrt{x^2+y^2+z^2}}$, $\dfrac{\partial u}{\partial z}=\dfrac{z}{\sqrt{x^2+y^2+z^2}}$;

(6) $\dfrac{\partial u}{\partial x}=ye^{xy}$, $\dfrac{\partial u}{\partial y}=xe^{xy}+ze^{yz}$, $\dfrac{\partial u}{\partial z}=ye^{yz}$

2. (1)0,3;(2) $\dfrac{1}{2},-\dfrac{1}{2},0$

3.4.证明略

5. (1) $\dfrac{\partial^2 z}{\partial x^2}=20x^3+12x^2y^3+6xy^2+2y^3,\dfrac{\partial^2 z}{\partial x\partial y}=4x^3+6x^2y+6xy^2$,

$\dfrac{\partial^2 z}{\partial y\partial x}=4x^3+6x^2y+6xy^2,\dfrac{\partial^2 z}{\partial y^2}=2x^3+6x^2y$;

(2) $\dfrac{\partial^2 z}{\partial x^2}=2\cos(x^2+2y)-4x^2\sin(x^2+2y),\dfrac{\partial^2 z}{\partial x\partial y}=-4x\sin(x^2+2y)$,

$\dfrac{\partial^2 z}{\partial y\partial x}=-4x\sin(x^2+2y),\dfrac{\partial^2 z}{\partial y^2}=-4\sin(x^2+2y)$;

(3) $\dfrac{\partial^2 z}{\partial x^2}=\dfrac{x+2y}{(x+y)^2},\dfrac{\partial^2 z}{\partial x\partial y}=\dfrac{y}{(x+y)^2},\dfrac{\partial^2 z}{\partial y\partial x}=\dfrac{y}{(x+y)^2},\dfrac{\partial^2 z}{\partial y^2}=-\dfrac{x}{(x+y)^2}$

6. $C_x'(4,3)=270,C_y'(4,3)=160$.其经济含义:当A与B两种标号的水泥日产量分别4 t和3 t时,如果B水泥产量不变,而A水泥的产量每增加1 t,成本将增加270元;如果A水泥产量不变,而B水泥的产量每增加1 t,成本将增加160元

7. $Q_p'(25,5\,000)=-2$, $Q_y'(25,5\,000)=0.03$.其经济含义:价格为25和居民收入为5000时,如果居民收入不变,而价格增加1个单位,商品的需求量将减少2;如果价格不变,而居民收入增加1个单位,商品的需求量将增加0.03

8.3 全微分及其应用

(1)$dz=2e^{x^2+y^2}(xdx+ydy)$;(2)$dz=\dfrac{xdx+ydy}{x^2+y^2}$;

(3)$du=(y+z)dx+(z+x)dy+(x+y)dz$;

(4) $du=(e^{xyz}+1)(yz\,dx+zx\,dy+xy\,dz)$;

(5) $du=x^{yz}\left(\frac{yz}{x}dx+z\ln x\,dy+y\ln x\,dz\right)$

第8章测试题

1. $dz=\left(\frac{-y}{x^2+y^2}+3^x\ln 3\right)dx+\frac{x}{x^2+y^2}dy$

2. $dz=(yx^{y-1}-2\cos x)dx+x^y\ln x\,dy$

3. $\frac{\partial u}{\partial x}=ye^{xy}$, $\frac{\partial u}{\partial y}=xe^{xy}+ze^{yz}$, $\frac{\partial u}{\partial z}=ye^{yz}$, $du=ye^{xy}dx+(xe^{xy}+ze^{yz})dy+ye^{yz}dz$

4. $\frac{\partial u}{\partial x}=-\frac{x}{\sqrt{x^2+y^2+z^2}}$, $\frac{\partial u}{\partial y}=-\frac{y}{\sqrt{x^2+y^2+z^2}}$, $\frac{\partial u}{\partial z}=-\frac{z}{\sqrt{x^2+y^2+z^2}}$,

$du=-\frac{x}{\sqrt{x^2+y^2+z^2}}dx-\frac{y}{\sqrt{x^2+y^2+z^2}}dy-\frac{z}{\sqrt{x^2+y^2+z^2}}dz$

5. $x=40$, $y=24$

第9章　二重积分

9.2　二重积分的计算

1. (1) $\frac{2}{3}$;(2)4;(3) $\frac{6}{55}$;(4) $\frac{76}{3}$.

2. (1) $\int_0^1 dy\int_0^{1-y} f(x,y)dx$; (2) $\int_0^1 dx\int_x^1 f(x,y)dy$; (3) $\int_0^3 dy\int_{\frac{y}{3}}^{y} f(x,y)dx+\int_3^9 dy\int_{\frac{y}{3}}^{3}$ $f(x,y)dx$.

3. (1) $\frac{2}{3}\pi R^3$;(2) $-6\pi^2$;(3) $\frac{8}{3}$.

第9章测试题

1. (1) $\frac{1-3e^{-2}}{4}$;(2)2;(3)16;(4) $\frac{13}{6}$.

2. (1) $\frac{14\pi}{3}$;(2) $\frac{a^3}{3}$;(3) πhR^2.